BEI GRIN MACHT SICH IHR
WISSEN BEZAHLT

- Wir veröffentlichen Ihre Hausarbeit,
  Bachelor- und Masterarbeit

- Ihr eigenes eBook und Buch -
  weltweit in allen wichtigen Shops

- Verdienen Sie an jedem Verkauf

Jetzt bei www.GRIN.com hochladen
und kostenlos publizieren

Hans-Jürgen Borchardt

Mit dem Nein beginnt der Verkauf

GRIN Verlag

Bibliografische Information der Deutschen Nationalbibliothek:

Die Deutsche Bibliothek verzeichnet diese Publikation in der Deutschen National-
bibliografie; detaillierte bibliografische Daten sind im Internet über http://dnb.d-
nb.de/ abrufbar.

Impressum:

Copyright © 2011 GRIN Verlag, Open Publishing GmbH
Druck und Bindung: Books on Demand GmbH, Norderstedt Germany
ISBN: 978-3-640-91245-2

Dieses Buch bei GRIN:

http://www.grin.com/de/e-book/171732/mit-dem-nein-beginnt-der-verkauf

GRIN - Your knowledge has value

Der GRIN Verlag publiziert seit 1998 wissenschaftliche Arbeiten von Studenten, Hochschullehrern und anderen Akademikern als eBook und gedrucktes Buch. Die Verlagswebsite www.grin.com ist die ideale Plattform zur Veröffentlichung von Hausarbeiten, Abschlussarbeiten, wissenschaftlichen Aufsätzen, Dissertationen und Fachbüchern.

Besuchen Sie uns im Internet:

http://www.grin.com/

http://www.facebook.com/grincom

http://www.twitter.com/grin_com

Mit dem Nein beginnt der Verkauf

Für viele Verkäufer ist bei einem Nein des Kunden das Verkaufsgespräch beendet. Sie betrachten eine Absage als endgültige Ablehnung und fragen nicht nach dem Grund, dem Warum. Wer aber erfragt, warum der Interessent sich (noch) nicht entscheiden will, erfährt den Grund der Ablehnung und kann das Verkaufsgespräch neu eröffnen. Wer jedoch nicht weiß, warum der Kunde das Angebot ablehnt, verschenkt möglicherweise einen Erfolg und kann sein eigenes Verkaufsgespräch nicht verbessern. Hinzu kommt, dass er in den nächsten Verkaufsgesprächen den gleichen Fehler machen wird.

Natürlich gibt es auch ein absolutes Nein. Das ist meistens relativ einfach zu erkennen, weil es im Normalfall entsprechend nachhaltig formuliert wird. Aber immer, wenn ein Nein erst im Gespräch entsteht oder das Nein durch eine zeitliche Verschiebung der Kaufentscheidung in eine unbestimmte Zukunft entsteht, ist die Möglichkeit einer Korrektur gegeben.

Die möglichen Ursachen einer Absage

Die Gründe für ein Nein können vielfältig sein und sind für den Verkäufer nicht immer sofort erkenntlich.

1. Der Interessent will gar nicht kaufen. Er will sich nur erkundigen, was er aber nicht zu erkennen gibt. Diese Informationsklauer glauben, dass sie besser und umfassender informiert werden, wenn sie sich als Käufer vorstellen.

   Wenn Sie merken, dass die Person bei Nachfragen über den Kaufzeitpunkt nur vage oder ausweichend antwortet, sollten Sie reagieren. Sie haben dann zwei Möglichkeiten:

   1.1 Sie machen ein Lockangebot. Das kann den Preis, den Service, die Montage, die Garantie oder andere Vorteile beinhalten. Wenn die Person darauf nicht reagiert, wissen Sie ziemlich sicher, dass es nur um das Abgreifen Ihres Know-hows geht. Jetzt liegt es an Ihnen, wie Sie das Gespräch weiter führen. Sie können es mehr oder weniger direkt beenden oder zu Ende führen.

   1.2 Sie stellen für einen späteren Zeitpunkt eine attraktives Angebot vor, etwa so: „In zwei Monaten kommt ein neues Modell und da kann ich Ihnen …" Oder: „Ich kann ihnen in einigen Wochen vielleicht ein sehr gutes Vorführgerät anbieten …" Wird auch darauf ausweichend reagiert, wissen Sie, dass keine ernsthafte Kaufabsicht besteht.

2. Der Interessent will kaufen aber möchte die Entscheidung verschieben, weil er sich (noch) nicht sicher ist. Also antwortet er ablehnend mit einem Nein oder verschiebt den Kaufzeitpunkt in eine unbestimmte Zukunft, etwa so: „Das gefällt mir, aber ich möchte mich noch nicht festlegen. Ich komme wieder, wenn ich mich endgültig entschieden habe." Oder: „Das hört sich gut an, aber ich will mich noch zusätzlich informieren.

2.1 Wenn der Interessent Ihnen diese Antwort gibt und auch Ihre Frage nach dem Kaufzeitpunkt relativ konkret beantwortet, wissen Sie, dass es jetzt an Ihnen liegt, ob Sie das Geschäft machen oder nicht. Grundbedingung ist, dass Sie so konkret wie möglich den Grund der Absage erfragen, z. B.: „Welche Informationen fehlen Ihnen noch für eine endgültige Entscheidung?" Oder: „Was spricht dafür, die Entscheidung zu verschieben?

Gibt der Interessent auf diese Fragen konkrete Antworten, ist das Verkaufsgespräch neu eröffnet. Sie kennen jetzt die Vorbehalte und können konkret darauf eingehen. Im Normalfall verfügen Sie auch über die Argumente, warum eine sofortige Entscheidung für ihn vorteilhafter wäre.

3. Jeder kennt die Situation, die Argumente wiederholen sich. Sie haben „Ihr Pulver verschossen" und der Interessent antwortet immer noch ausweichend. Das Verkaufsgespräch hat sich festgefahren. Wer in dieser Phase nicht umschaltet, läuft Gefahr, dass der Kunde den aufkommenden Frust bemerkt und seine Position jetzt noch nachhaltiger vertritt.

Jetzt müssen Sie das Gespräch emotionalisieren oder durch Sachfragen wieder entschärfen. Zwei Beispiele:

3.1 Sie wollen eine Markise für einen Balkon verkaufen und der Interessent kann bzw. will sich nicht entscheiden. Dann ist es sinnvoll, die Sachargumentation vorübergehend zu verlassen und den (emotionalen) Nutzen hervorzuheben. Z. B.: „Meine Kunden sagen immer wieder, dass sie mit der Markise den Balkon länger und intensiver genießen können. Warum wollen Sie nicht sofort damit anfangen?"

Mit einer derartigen Frage lassen sich festgefahrene Situationen entspannen, weil dann der zu erwartende Genuss (die Freude etc.) wieder verstärkt in den Mittelpunkt des Gespräches rückt. Sie können dann Ihre Argumentation vom „schönen Schattenplatz" bis zur „trockenen Loge" beim Regen ausbauen und erst später wieder in die Sachargumentation einsteigen.

3.2 Wenn Sie Ihre Argumente verbraucht haben und sich eine Entscheidung nicht abzeichnet, können Sie die Generalfrage stellen: „Was muss ich tun, damit wir ins Geschäft kommen?"

Die Antwort zeigt Ihnen, ob die Forderung des Kunden realistisch ist und die Grundlage für eine weitere Verhandlungsrunde ist, oder ob sie so formuliert ist, dass erkennbar wird, dass ein Abschluss nicht zu erwarten ist.

Wichtig ist immer, dass Sie erst dann das Gespräch beenden, wenn eindeutig zu erkennen ist, dass der Interessent definitiv nicht kaufen will. Denken Sie daran, dass Kaufentscheidungen von den Käufern oft auch bewusst zurück gehalten werden, weil sie sich von ihrer abwartenden Haltung zusätzliche Vorteile versprechen.

Deshalb: Jedes Verkaufsgespräch darf erst dann für Sie zu Ende sein, wenn unmissverständlich klar ist, dass Sie zu diesem Zeitpunkt nicht zum Abschluss kommen. Wenn diese Situation eingetreten ist, müssen Sie auf jeden Fall einen konkreten Termin für einen späteren Zeitpunkt vereinbaren. Wird dieser nicht gegeben, wissen Sie mit ziemlicher Sicherheit, dass es auch nicht zu einem Abschluss kommen wird.

Fazit
Wer zu früh aufgibt, verschenkt Umsatz.

Hans-Jürgen Borchardt
Mai 2011

Anhang

Die Vorbereitung
In Verfremdung eines Sprichwortes kann man sagen: „Vorbereitung ist nicht alles, aber alles ist nichts ohne Vorbereitung."

Wenn man nicht Dinge des täglichen Bedarfs per Selbstbedienung oder einfach über die Theke verkauft, muss man kein Verkaufsgespräch, sondern das Bedienen trainieren. Wer aber ein Produkt oder eine Leistung verkaufen will, dass ein Verkaufsgespräch erfordert, der muss dem Interessenten/Kunden überzeugend darstellen, warum sein Angebot das Beste ist.

Bedingung für ein erfolgreiches Verkaufsgespräch sind sieben Voraussetzungen:

1. Sie müssen Ihr eigenes Angebot in allen Details kennen. Nur dann sind Sie in der Lage, die daraus resultierenden Vorteile (Nutzen) für den Käufer überzeugend darzustellen.

2. Sie müssen die Wettbewerbsangebote und Argumente kennen, damit Sie die bestehenden Unterschiede zu Ihren Gunsten herausstellen können.

3. Sie sollten die generelle Zielsetzung des Kunden kennen, damit Sie Ihre Argumentation darauf einstellen können. Hier gibt es deutliche Unterschiede. Für den einen ist die Qualität besonders wichtig, für den anderen die Zuverlässigkeit, für wieder andere ist es das mit dem Produkt verbundene Statussymbol, und für manche ist der Preis das Wichtigste Argument.
(Wenn Sie das Grundmotiv nicht vor dem eigentlichen Verkaufsgespräch kennen, müssen Sie versuchen, das möglichst schnell zu erfahren.)

4. Wichtig ist, dass Sie Ihr eigenes USP immer wieder in Verbindung mit anderen Beispielen einsetzten, damit der Interessent auch deutlich erkennt, dass Sie sich von den anderen Anbietern unterscheiden.

5. Erinnern Sie sich vor jedem Gespräch an die orientalischen Händler im Basar oder viele Verkäufer auf dem Flohmarkt. Die laufen erst zur Höchstform auf, wenn man nein sagt.

6. Denken Sie immer an den „Bauch". Wenn Sie das Gefühl Ihres Kunden nicht gewinnen, haben Sie keine Chance, zu einem Abschluss zu kommen. Deshalb müssen Sie zuerst das Gespräch emotionalisieren, damit Vertrauen entstehen kann.

7. Glauben Sie an sich selbst. Das gibt Ihnen Selbstvertrauen, Sicherheit und Überzeugungskraft.